BEI GRIN MACHT SICH IHR WISSEN BEZAHLT

AF151491

- Wir veröffentlichen Ihre Hausarbeit, Bachelor- und Masterarbeit

- Ihr eigenes eBook und Buch - weltweit in allen wichtigen Shops

- Verdienen Sie an jedem Verkauf

Jetzt bei www.GRIN.com hochladen und kostenlos publizieren

Bibliografische Information der Deutschen Nationalbibliothek:

Die Deutsche Bibliothek verzeichnet diese Publikation in der Deutschen National-
bibliografie; detaillierte bibliografische Daten sind im Internet über http://dnb.d-
nb.de/ abrufbar.

Impressum:

Copyright © 2011 GRIN Verlag, Open Publishing GmbH
Druck und Bindung: Books on Demand GmbH, Norderstedt Germany
ISBN: 978-3-668-21818-5

Dieses Buch bei GRIN:

http://www.grin.com/de/e-book/195725/der-semantische-wandel-des-ausdrucks-
auslaender-im-migrationsdiskurs

Christian Luther, Julia Kothe

Der semantische Wandel des Ausdrucks 'Ausländer' im Migrationsdiskurs

GRIN Verlag

GRIN - Your knowledge has value

Der GRIN Verlag publiziert seit 1998 wissenschaftliche Arbeiten von Studenten, Hochschullehrern und anderen Akademikern als eBook und gedrucktes Buch. Die Verlagswebsite www.grin.com ist die ideale Plattform zur Veröffentlichung von Hausarbeiten, Abschlussarbeiten, wissenschaftlichen Aufsätzen, Dissertationen und Fachbüchern.

Besuchen Sie uns im Internet:

http://www.grin.com/

http://www.facebook.com/grincom

http://www.twitter.com/grin_com

Inhaltsverzeichnis Seite

1. Einleitung

In Diskussionskontexten, in denen Minderheiten thematisiert werden, ist ein objektiver und sensibler Umgang mit den Inhalten notwendig, um nicht diskriminierend oder wertend zu wirken. Diese Maxime der Neutralität zeigt sich besonders in Zeitungstexten, in denen es vermieden werden soll, mit dem Gebrauch bestimmter Ausdrücke, die bedeutungsassoziativ nicht neutral sind, eine Position zu beziehen. Jene Intention setzt einen Prozess der steten Umdeutung bestehender Wörter oder einer Substitution derer durch neue Ausdrücke in Gang. Dies liegt darin begründet, dass die Bemühung, politisch korrekte Bezeichnungen zu finden, immer nur von kurzzeitigem Erfolg ist.

Politische Korrektheit ist immer an einen spezifischen Sprachgebrauch gebunden, welcher somit in einen gesellschaftlichen Gesamtzusammenhang eingebettet wird. Ist dieser Gesamtzusammenhang aber durch Diskriminierung gekennzeichnet, so scheint es, färbt der negative soziale Kontext auf die Wortbedeutung ab und sie wird pejorativ modifiziert.

Dabei wird die denotative Bedeutung eines Wortes so weit von der konnotativen Bedeutungskomponente überlagert, dass ein wertneutraler Gebrauch jener Wortform nicht mehr möglich ist, da sich wertende Implikaturen etabliert haben, die von der Sprachgemeinschaft verinnerlicht worden sind. Jenes Phänomen lässt sich auch im aktuellen Migrationsdiskurs beobachten. Darin zeigte sich, dass die ursprünglich wertneutrale Wortform ‚Ausländer' mit dem Denotat [+ Mensch]; [- Inland] vom negativen Konnotat überlagert wurde und sich die pejorative oder abwertende Bedeutung scheinbar durchgesetzt hat.

Die folgende Untersuchung widmet sich der Frage, ob dieser Prozess des pejorativen Bedeutungswandels tatsächlich eingetreten ist. Zur Beantwortung dieser Frage sollen basierend auf dem Korpus ‚deutsche Tageszeitungen' Zeitungstexte auf das Vorkommen des Wortes ‚Ausländer', sowohl in einer quantitativen als auch qualitativen Analyse, untersucht werden. Inwiefern dies umgesetzt wird und welche konkreten methodischen Schritte hierfür gewählt wurden, soll im Folgenden erläutert werden.

2. Methodik

2.1 Hypothese und Zielstellung

Das Ziel der Untersuchung ist es, innerhalb der objektiven Berichterstattung, d.h. in Zeitungsartikeln, die den Anspruch haben, neutral zu sein, zu prüfen, ob der Prozess des pejorativen Bedeutungswandels eingetreten ist. Dabei wird angenommen, dass ein Bedeutungswandel im Gebrauch des Ausdrucks erkennbar wird und die Vermeidung des Wortes Evidenzen für eine abwertende Bedeutung liefern kann. Daher lautet die zu untersuchende Hypothese:

> „Das Wort ‚Ausländer' unterliegt einem pejorativen Bedeutungswandel und wird daher speziell in objektiven Berichterstattungen durch neutral wirkende Synonyme, wie ‚Zuwanderer' oder ‚Migrant' substituiert."

Um diese Hypothese zu untersuchen, lassen sich folgende Fragen stellen:

a) Lässt sich das beschriebene Phänomen in Zeitungstexten als Medium der objektiven Berichterstattung beobachten?

b) Lassen sich quantitative Unterschiede in der Verwendung des Wortes im Gegensatz zu Synonymen feststellen?

c) Nimmt die Zahl des Ausdrucks ‚Ausländer' im Vergleich zu den Begriffen ‚Migrant' oder ‚Zuwanderer' ab?

d) Welche Kollokatoren tauchen in Verbindung auf? Geben diese Indizien auf pejorative Tendenzen?

e) Worin bestehen Evidenzen für einen allgemeinen Konsens der pejorativen Wortbedeutung?

Die Beantwortung dieser Fragen bildet gleichzeitig den methodischen Rahmen der Untersuchung. Im folgenden Abschnitt werden die Teilschritte zur Beantwortung der Fragen und die notwendige Vorgehensweise erläutert.

2.2 Vorüberlegungen

Da im Zentrum der Untersuchung wertneutrale Texte stehen sollten, benötigt man ein möglichst großes und umfassendes Korpus zur Beantwortung der Forschungsfrage. Um die Frage beantwortbar zu machen, wurde der Fokus bewusst auf einen Aspekt der Sprachverwendung, nämlich der neutralen Berichterstattung in Zeitungstexten gelegt. Zum einen ermöglicht dies die Spezialisierung auf einen Teilbereich der Sprache, an dem nachvollziehbare Aussagen getroffen werden können und zum anderen wird damit der Forschungsbereich für die Methode der korpuslinguistischen Beschäftigung festgelegt.

Ein äußerst ergiebiges und leistungsstarkes Korpus konnte in COSMAS II vom Institut für Deutsche Sprache gefunden werden. Es ist nicht nur frei in seiner Verwendung, sondern auch ohne Installation von Plugins von jedem mit dem Internet verbundenen Rechner der Welt in seiner WWW-Applikation nutzbar. Durch die Größe des Korpus ist es möglich, quantifizierbare Aussagen zu treffen und somit Tendenzen in der Sprachbenutzung, wie in der anfangs gestellten Hypothese aufzuzeigen.

2.3 Korpuserstellung und Anfragesystematik

Die Fragen, die sich aus der Annahme pejorativer Bedeutungstendenzen ableiten, werden vor allem in quantitativen Arbeitsschritten an das Korpus gestellt werden. Die Datengrundlage bildet dabei das Textkorpus „Tageszeitung" (COSMAS II), welches analysiert wird. Es wird im speziellen die Suchanfrage '&Ausländer' bzw. '&Ausländerin' für das feminine Nomen gestellt. Die daraus erhaltenen Ergebnisse werden wiederum gefiltert, sodass nur der Zeitraum von 1970-2010 betrachtet wird.

Der erste Schritt für die Untersuchung und zur Beantwortung der Frage a) ist die Korpusdefinition. Speziell für die Fragestellung wird hierbei ein Korpus „Zeitschriften_dt." aus den bereits existenten Korpora aus dem W-Archiv der geschrieben Sprache in COSMAS II zusammengestellt. Dabei beschränken wir uns nur auf die deutschen Zeitungen, da wir uns lediglich auf einen geografischen und sozialen Raum mit bestimmten kulturellen Eigenheiten beziehen.

An die Zusammenstellung des Untersuchungsmaterials schließt sich zur Beantwortung der Fragen b) und c) die quantitative Analyse des Korpus an. Als Vergleichsmaßstab für die Betrachtung wird dabei die Verwendung der Ausdrücke ‚Migrant', und ‚Zuwanderer' herangezogen, um Präferenzen bei der Wortwahl erkennen zu können und daraus Rückschlüsse auf das politische Sprachverhalten als Reaktion auf den Wandel des Wort- Bedeutungs-Verhältnisses ziehen zu können und die

vermutete Hypothese zu untermauern. Methodisch werden hierbei die Anfragen ‚AusländerInnen'
‚MigrantInnen' und ‚Zuwanderer' an das benutzerdefinierte Korpus ‚deutsche Tageszeitungen'
gestellt und eine Auszählung der Häufigkeiten vorgenommen. Am Anschluss daran werden die
Ergebnisse zu den einzelnen Ausdrücken in Form von Diagrammen und tabellarischer
Gegenüberstellungen verglichen. Zu beachten ist dabei, dass Wortformen, die nicht der Suchanfrage
entsprechen, ausgeklammert werden müssen. Beispielsweise ergibt die Anfrage „&Ausländer" die
für die Untersuchung redundanten Wortformen ‚ausländern' oder ‚AUSLÄNDER'. Diese werden
nicht einbezogen. Ähnlich verhält es sich bei vermeintlichen Genitivformen wie ‚Migrants', die
ebenso zu vernachlässigen sind, da es sich hier um englische Wortformen handelt.

Problematisch ist weiterhin, im Hinblick auf den Untersuchungszeitraum, dass eine mangelnde
digitale Erfassung der Texte aus den Jahren 1970- 90 anzunehmen ist. Daher wird für den Vergleich
der Ausdrücke ein kurzer und digital repräsentativer Zeitraum (1990- 2010) gewählt. Die
Ergebnisse werden im folgenden Teil dargestellt.

3. Ergebnisse der quantitativen Korpusanalyse

Um die Beschränkung auf den Zeitraum von 1990-2010 zu legitimieren, soll an dieser Stelle auf die
Ergebnisse aus der Anfrage zum Begriff ‚Ausländer' und seiner Deklinationsformen gezeigt
werden. Diese lieferte folgende Daten:

Treffer	Texte	Jahrzehnt
27	21	1950-1959
56	31	1960-1969*
18	10	1970-1979*
670	386	1980-1989
23.842	15.863	1990-1999
26.101	19.090	2000-2009

Tabelle 1: Ergebnisse der Anfrage ‚&Ausländer' und ‚&Ausländerinnen'

Es ergibt sich, wie bereits erwähnt, die Konsequenz einen bestimmten zeitlichen Bereich auf Grund
seiner mangelnden Aussagekraft auszuklammern und daher nur einen Abschnitt zu
betrachten, der nutzbare und miteinander vergleichbare Werte produziert. Dieser beschränkt sich auf
den Abschnitt 1990-2009. Im Folgenden sollen daher die Vergleichsausdrücke in einer Tabelle
gegenüber dem Referenzbegriff dargestellt und interpretiert werden. Die Beantwortung der
Teilfragen zur Beantwortung der Hypothese schließt sich daran an.

---

* Der Begriff ‚Ausländerin' und ‚Ausländerinnen' tauch in der Anfrage erst ab 1980 wieder auf, in den Jahrzehnten
1960-1979 finden sich auf die Abfrage hin keine Treffer.
*

Ausdrücke	1990-1999	2000-2009	Veränderung in %
‚AusländerInnen'	23.842	26.101	+ 9,51
‚MigrantInnen'	1.406	10.016	+ 612,37
‚ZuwanderInnen'	774	4.079	+ 427,00

Tabelle 2: Ergebnisse der Anfrage zu den Begriffen ‚AusländerInnen', ‚MigrantInnen' und ‚ZuwanderInnen', inkl. prozentuale Veränderung des Begriffsaufkommens von 1990-99 zu 2000-2009

Frage a) lässt sich zum einen durch die breite Erfassung diverser Zeitungen in COSMAS II und zum anderen durch die oben dargestellten Ergebnisse deutlich mit ja beantworten, da genügend Einträge für die Analyse auf Basis einer soliden Datengrundlage gegeben sind. Im Zentrum der weiteren Untersuchung steht nun die Beantwortung der Fragen b) und c) anhand der ermittelten Daten. Für die Frage b) steht die quantitative Interpretation der Zahlen im Vordergrund.

Natürlich überwiegt der Begriff ‚Ausländer' und scheint beständig in seiner Verwendung in beiden Jahrzehnten, jedoch muss festgehalten werden, dass die Austauschbegriffe im Zeitraum von 2000 bis 2009 stark zunehmen. Machen die Begriffe ‚MigrantInnen' und ‚ZuwanderInnen' im 20. Jahrhundert noch 8,38% der Gesamtheit der oben genannten Begriffe aus, sind es im Bereich 2000-2009 nun 35,07%. Dies ist ein deutlicher Anstieg um mehr als 25%. Noch deutlicher wird dies, wenn man sich bewusst macht, dass die Begriffe jetzt über ein Drittel des Gebrauchs, im Hinblick auf die drei ausgewählten Begriffe, ausmachen. Es bleibt festzuhalten, dass der Begriff ‚Ausländer' zwar beständig in seiner Verwendung bleibt, sogar um 9,51% ansteigt, im Vergleich zu den Synonymen, die im Gebrauch überdurchschnittlich zunehmen, erscheint dies jedoch nicht verhältnismäßig. Das Wort ‚Ausländer' wird folglich zwar noch immer genutzt, bildet aber im Vergleich zu Substitutionsausdrücken, deren Verwendung stetig ansteigt, eine Minderheit.

Die Frage c) fokussiert im Vergleich zur vorherigen Frage nicht das quantitative Verhältnis der Begrifflichkeiten, sondern den Aspekt der Zunahme der Synonyme.

Im Gegensatz zum Ausdruck ‚Ausländer', der nur um 9,51% zunimmt, wachsen die Begriffe ‚Migrant' und ‚Zwanderer' um 612,37% bzw. 427% an. Führt man sich dieses Wachstum vor Augen, nimmt der Begriff proportional zu seinen Austauschausdrücken sogar ab, was wiederum für den 1/3-Anteil der Konkurrenzausdrücke von 2000-2009 spricht. Die Antwort auf die Frage muss folglich lauten, dass der Ausdruck ‚Ausländer' zwar zunimmt, aber die Vergleichsausdrücke in stärkerem maß ansteigen, so dass sie in der Gesamtheit mehr Platz einnehmen. Dies bedeutet, dass man sich bemüht, den Ausdruck zu vermeiden und durch andere Formulierungen ersetzt.

4. Qualitative Korpusanalyse

Der letzte Arbeitsschritt ist die qualitative Korpusbefragung. Hierzu wird vorerst eine stichprobenartige Darstellung einiger Beispieltexte (im hier geschilderten Vorgehen: 50 in Cosmas II zufällig generierte und zusammengewürfelte Textausschnitte, proportional zu den Treffern in den jeweiligen Zeitungsartikeln) in Word zusammengestellt. Anschließend werden diese mittels der Wordfunktion *AutoZusammenfassen* auf 10% ihres ursprünglichen Inhalts reduziert, um somit die durch die Wortwahl bewirkte Konnotation zu erkennen. Dazu wird innerhalb der zusammengefassten Textausschnitte eine semantische Umfeldanalyse zur kontextbezogenen Verwendung des zu untersuchenden Ausdrucks vorgenommen. D.h. es wird untersucht, ob das Wort ‚Ausländer' vermehrt in einem positiven oder negativen Kontext verwendet wird.

COSMAS II bietet zwar die Möglichkeit einer Kookurrenzanalyse, jedoch werden dabei verschiedenartige Kollokatoren zum Begriff ‚Ausländer' gefunden. Es handelt sich dabei jedoch um alle Wortarten, womit auch Lexeme wie *ein*, *Integration* oder *hier* erfasst werden.

Durch die erste Analyse ergeben sich erste Tendenzen, die dabei helfen, die Frage d) zu beantworten. Diese lautete:"Welche Kollokatoren tauchen in Verbindung auf? Geben diese Indizien auf pejorative Tendenzen?"

Diese Frage lässt sich leicht beantworten, wenn man den verkürzten Text durchsieht. Es ergeben sich erste Verwendungskontexte, wie zum Beispiel in direkten Wortzusammenhängen wie *„arbeitslose Ausländer", „tatverdächtige Ausländer"* oder *„zu viele Ausländer"*. Aber auch in ganzen Sätzen tauchen Verweise und referierende Bezüge, wie *„Belastung für das soziale Netz", „überdurchschnittlich viele Delikte"* oder *„illegale Beschäftigung"* auf. Seltener tauchen semantisch positiv deutbare Aussagen wie *„[...] seien Ausländer mobiler"* auf und diese erscheinen generell in unserem Beispiel, welches sich im Anhang findet, in deutlicher Minderheit. Es wurden nur zwei Positivbeispiele gefunden, welche im Beispiel grün eingefärbt sind, wobei eines eher den Zustand beschreibend als charakterisierend ist (*„mobiler"* und *„Zahl der arbeitslosen Ausländer überdruchschnittlich zurückging"*).

Die mit Hilfe der semantischen Analyse gewonnen Daten bilden dann die Basis zur Erstellung eines Kategorienkataloges, mit dessen Hilfe die letzte Frage nach den Evidenzen für einen allgemeinen Konsens der pejorativen Wortbedeutung beantwortet werden soll.

Mit der Entwicklung eines Kategorienkataloges wird es möglich, ein Kriterienraster zur Klassifizierung eines negativen oder positiven Verwendungskontextes zu finden, das auch auf andere Texte angewandt werden kann. Somit kann durch den Verweis auf die Semantik und das Umfeld der Ausdrücke ein Beweis erbracht werden, dass der Ausdruck einen negativen Bedeutungswandel durchlebt.

Da ein kompletter Kategorienkatalog einen immensen Arbeitsaufwand darstellt, soll in dieser Arbeit nur ein kurzes Beispiel für den Aufbau eines solchen gegeben werden und weiterführende Schritte auf den Forschungsausblick verschoben werden.

Es bietet sich an, den Katalog grundlegend in positiv und negativ wertend einzuteilen und diese Grundkategorien wiederum zu spezifizieren, um genauer zu definieren, in welcher Art und Weise eine Wertung vorliegt. Als Beispiel bietet es sich an, innerhalb der negativen Sparte eine Kategorie „rechtswidrig" einzuführen, die Lexeme und feste Wortpaare wie *„illegal"*, *„illegale Beschäftigung"*, *„Strafverfahren"*, *„tatverdächtig"*, *„Delikte"*, *„verstoßen"*, usw. umfasst. Es ergeben sich daraus mit bestimmten Begriffen aufgeladene Kategorien, durch die diverse Texte auf ihren Charakter hin untersucht werden können, indem sie mit den Wortlisten in den verschiedenen Kategorien abgefragt werden. Dadurch könnte man die verschiedenen Texte hin auf ihren Grad der Pejoration untersuchen, wobei ein im oben dargestellten Raster entsprechender Text ein höchst negatives Beispiel wäre.

Natürlich bietet sich dieses Verfahren auf dem elektronischen Weg in Form eines Skripts an, um möglichst viele Texte zu überprüfen und allgemein gültige Aussagen treffen zu können. Jedoch übersteigt dieses Vorhaben den zeitlichen Rahmen dieser Untersuchung.

5. Zusammenfassung und Forschungsausblick

Die Arbeit stellte sich die Frage, inwiefern der Begriff ‚Ausländer' einem pejorativen Bedeutungswandel unterliegt. Ein zentraler Punkt für die Beantwortung dieser Thematik war die Eingrenzung des Gebietes, das linguistisch betrachtet werden sollte. Da möglichst neutrale Texte untersucht werden sollten, wählte man wertneutrale Zeitungstexte als Medium der Berichterstattung. Die Methode des Vorgehens war eine korpusbasierte-quantitative Analyse eines eigens dafür zusammengestellten Korpus. Die daraus gewonnen Daten konnten dahingehend interpretiert werden, dass sich ein negativer Bedeutungswandel auf Grund des gesteigerten Aufkommens und somit der Verwendung der Konkurrenzausdrücke ‚Migrant' und ‚Zuwanderer' innerhalb eines zeitlich begrenzten Abschnitts (1990-2010) ergibt.

Konkret manifestiert sich dieser darin, dass der Begriff zunehmend durch die Substitutionsausdrücke ersetzt wird. Von 2000-2009 machten diese Ausdrücke 35,07% aus, 10 Jahre zuvor waren es nur 8,38%. Zwar ergibt sich bei der Korpusabfrage, dass der Begriff genauso stark genutzt wird wie noch 1990-1999 (Steigerung 9,51%), aber dies schein in der Auseinandersetzung mit der Ausländerthematik innerhalb der Politik und damit der öffentlichen Diskussion begründet zu liegen. Am Anstieg der Ausdrücke ‚Migrant' und ‚Zuwanderer' sieht man, dass sich eine Tendenz hin zur Vermeidung des Wortes abzeichnet, da dieser pejorativ verstanden wird und somit in wertneutralen Aspekten vermieden werden soll.

Aus den aufgezeigten quantitativen Analysen bildeten sich Rückschlüsse, welche im qualitativen Teil der Korpusanalyse untersucht wurden. Hierbei war das Ziel die beispielhafte Untersuchung des Umfelds des Begriffs ‚Ausländer' um aufzuzeigen, dass dieser semantisch pejorativ gebraucht wird. Dies zeigt sich vor allem in den Attributen, welche eingesetzt werden. *„Tatverdächtig"* oder *„illegal"* sind nur zwei Beispiele für diese Entwicklung.

Die mögliche Weiterbeschäftigung im Rahmen der Fragestellung sieht die Erarbeitung eines umfassenden Kategorienkataloges vor, welcher dazu eingesetzt werden kann, um unterschiedlichste Texte auf Grund ihrer semantischen Ausrichtung auf einen pejorativen Gebrauch des Begriffs ‚Ausländer' zu untersuchen. Dies bedarf jedoch eines erhöhten Zeitaufwands sowie basierter Kenntnisse in der Erstellung informationstechnischer Skripte zur Abfrage unterschiedlichster Texte. Auch die Beschäftigung mit Kompositavarianten der Ausdrücke, die in COSMAS II möglich gewesen wäre, wurde hier ausgeklammert, um durch die Konzentration auf die drei Begriffe ‚Ausländer', ‚Migrant' und ‚Zuwanderer' eine exemplarische Analyse vorzunehmen.

Die eingangs besprochenen Beobachtungen und die daraus hervorgegangene Hypothese konnten somit mittels der Untersuchung verifiziert werden. Dies kann als Ergebnis der steten Bemühungen, politisch korrekte Wortformen für heikle Themenbereiche zu finden, verstanden werden. Diese Entwicklung scheint jedoch nicht abgeschlossen und es bleibt fraglich, durch welche Synonyme auch die Ausdrücke ‚Migrant' und ‚Zuwanderer' künftig wertneutral substituiert werden.

6. Anhang

Schlagartig steht die PDS wieder im Mittelpunkt der politischen Debatte. Die West-Wahrnehmung der PDS ist im Osten schwer vermittelbar, die Ost-Wahrnehmung der PDS ist im Westen schwer vermittelbar. auch die Betriebe wollen meist erst gar keine Ausländer einstellen. im Moment, so Tamara Hentschel, gebe es praktisch einen Einstellungsstopp für Ausländer. das Recht auf ständigen Wohnsitz sei im Moment nur zu bekommen, wenn Ausländer Deutsche heiraten. Die Frage von Ralf Fruet (CDU) nach der Altersstruktur der arbeitslosen Ausländer konnte Laubert nicht beantworten. Diskussion. In der momentanen politischen Auseinandersetzung um Asyl, Bleiberecht, Migration und sogenannte Ausländer kommt es immer wieder zu rassistischen Statements, aber auch zum Versuch, die Fremden vom politischen und gesellschaftlichen Leben auszuschließen. Ungefähr ein Viertel der tatverdächtigen Ausländer wird überhaupt nur registriert, weil sie gegen das Ausländer- oder das Asylverfahrensgesetz verstoßen. Die Folge: Es entsteht der trügerische Schein, daß die Ausländer - also hier lebende Nichtdeutsche - überdurchschnittlich viele Delikte begehen. Ausländer und Angehörige der Autonomie-Regierung werden dagegen gesondert abgefertigt. Staatsanwalt Paul Velleman wirft Wilders Aufstachelung zum Hass gegen Anhänger des Islam sowie gegen nichtwestliche Ausländer vor. Vor dem Gericht protestierten rund 300 Menschen gegen den Prozess. Bei einer Verurteilung drohen Wilders bis zu 16 Monate Gefängnis sowie eine Geldbuße.dpa/ap In Niedersachsen stimmten fast 61 Prozent der Befragten der Feststellung zu, es lebten zu viele Ausländer in Deutschland. Mehr als 47 Prozent betrachten die hier lebenden Ausländer als Belastung für das soziale Netz. Die Opfer: Juden, Homosexuelle, Moslems, Obdachlose, Behinderte, Frauen und Ausländer – irgendjemanden gibt es immer – werden als Angehörige angeblich minderwertiger Gruppen abqualifiziert. Eine wichtige Rolle spielt das politische und gesellschaftliche Klima. Dass auch Polizisten als Teil der Gesellschaft anfällig sind für Vorurteile gegen Ausländer, versteht sich von selbst. Berlin. Ob Autonome, türkische Nachbarn oder verständnislose Eingesessene: „Für die Rechten sind wir Ausländer, für die Linken Schleimer."ein emsiges Treiben ist dort zu beobachten, Stimmengewirr macht deutlich, daß hier Ausländer beschäftigt werden. Im Detail: Von 82,2 Millionen Deutschen sind 41,95 Millionen weiblich und 40,28 Millionen männlich. Nur 18 Prozent der Deutschen besitzen ein Abiturzeugnis, aber 21 Prozent der Nachfahren von Ausländern. die Berufung sei umgehend notwendig, da in einer Situation wachsender Ausländerfeindlichkeit und unklarer Rechtslage Verunsicherungen und Ängste der Ausländer zunähmen. Die Diskrepanz zwischen deutschen und ausländischen Jugendlichen ist nach dem Bildungsbericht 2009 groß: 22,6 Prozent der deutschen Schüler haben am Ende ihrer Schullaufbahn die allgemeine Hochschulreife in der Tasche, aber nur 7,8 Prozent der Ausländer. Mit ihnen warteten in Augsburgs größtem Sammellager für Asylbewerber mehrere hundert Ausländer auf die ersehnte Aufenthaltsgenehmigung. Natürlich habe er nichts gegen Ausländer, sagt er in die Kameras: "Viele Ausländer sind Mitglieder in der DVU, auch Indianer und Schwarze und Gelbe." Mahnend fügte er hinzu: „Was ich dazu zu sagen habe, richtet sich zu 25 Prozent an die Ausländer und zu 75 Prozent an die deutsche Bevölkerung." der Versuch einer Frage-Antwort-Stunde zu Hausbesetzungen, Arbeitslosigkeit, Ausländern scheiterte. die neue Arbeitslosenzahl liegt um 249700 oder 124 Prozent über dem Vorjahresniveau, die Arbeitslosenquote gegenüber Mai 1974 unverändert bei 2,1 Prozent. wie Stingl ausführte, haben die verstärkten Vermittlungsbemühungen der Ämter wieder dazu geführt, daß die Zahl der
 . im Vergleich zu den Deutschen seien die Ausländer   . gegenwärtig sind noch 51400 Arbeitslose Ausländer gemeldet. "Rot Front verrecke", "Modrow, Gysi an die Wand, Deutschland einig Vaterland". die Hände zum "Sieg Heil" gestreckt, schallt das "Ausländer raus" durch die Nacht von Leipzig. Beispiel: Das Stadtjubiläum. Beispiel: Integration. Das Zusammenleben von Deutschen und Ausländern ist in dieser Stadt von erheblicher Bedeutung. Beispiel: Wirtschaftförderung. Rund 91 000 Strafverfahren sind im letzten Jahr wegen illegaler Beschäftigung eingeleitet worden. Insgesamt die Hälfte der Ermittlungen richtete sich gegen Deutsche, die andere Hälfte gegen Ausländer. Viel an Integration ist im Land geschehen. Und euer Haus liefert ein gutes Beispiel für die Arbeit." "Deutsch für den Ausländer.

Besonders wichtig ist mir dabei, dass dies für Ausländer gilt, die in Deutschland aufgewachsen sind.

Textbeispiel für einen auf 10% mit der Funktion AutoZusammenfassen gekürzten Text